5 MINUTOS com DEUS

5 MINUTOS com DEUS

Reflexões semanais para uma vida de fé, amor e oração

TRADUÇÃO DE
CARLOS SZLAK

FARO EDITORIAL

Diretor editorial **PEDRO ALMEIDA**
Coordenação editorial **RENATA ALVES**
Editora-assistente **LETÍCIA CANEVER**
Tradução **CARLOS SZLAK**
Preparação **DANIELA TOLEDO**
Revisão **CARLA SACRATO e CRIS NEGRÃO**
Imagens de capa e miolo **MADE EASY PRESS**
Adaptação de capa e diagramação **VANESSA S. MARINE**

Dados Internacionais de Catalogação na Publicação (CIP)
Jéssica de Oliveira Molinari CRB-8/9852

5 minutos com Deus : reflexões semanais para uma vida de fé, amor e oração / tradução de Carlos Szlak. — São Paulo : Faro Editorial, 2025.
128 p. : il., color.

ISBN 978-65-5957-873-3
Título original: 5-Minute devotions for women: a weekly christian devotional for a life of faith, love, and prayer

1. Devoções diárias 2. Mulheres - Orações e devoções 3. Espiritualidade I. Szlak, Carlos

25-4028 CDD 220.569

Índices para catálogo sistemático:
1. Devoções diárias

FARO EDITORIAL

1ª edição brasileira: 2025
Direitos de edição em língua portuguesa, para o Brasil, adquiridos por FARO EDITORIAL.
Avenida Andrômeda, 885 - Sala 310
Alphaville — Barueri — SP — Brasil
CEP: 06473-000
www.faroeditorial.com.br

Este livro pertence a

....

Sumário

Introdução

"O Senhor guardará o seu ir e vir, desde agora
e para sempre."

SALMOS 121:8

A vida pode ser corrida, complicada e, às vezes, até caótica. É muito fácil nos envolvermos com questões de família, afazeres domésticos, trabalho, maternidade, fofocas e dramas, e, de vez em quando, acabarmos nos esquecendo de valorizar o que realmente importa.

Porém a Palavra de Deus pode nos conduzir com leveza pela vida, orientando e ajudando nos momentos bons e ruins, nas horas fáceis e difíceis, nos dias mais felizes e mais tristes.

Este devocionário semanal será o seu guia nessa jornada de reconexão com a fé.

Ele vai incentivar você a refletir, a fazer perguntas sobre si mesma e sobre o mundo ao seu redor. E, ao longo do caminho, irá aproximá-la cada vez mais do nosso Pai Celestial, que a espera de braços abertos.

Como usar este livro

"Quando leram a carta, alegraram-se pelo encorajamento que receberam."

ATOS 15:31

Este livro especial está dividido em 52 capítulos, escritos para proporcionar a você um ano inteiro de devoções.

Uma vez por semana, reserve cinco minutos para si mesma e retome a leitura de onde parou. Cada semana começa com um versículo bíblico para inspirar o seu coração. Em seguida, você encontrará uma breve mensagem sobre o significado daquele versículo e sugestões de como aplicá-lo em sua vida diária.

Depois, pegue um lápis ou uma caneta e responda às reflexões que tomam conta de você: aquelas que talvez estejam afligindo o seu coração enquanto você pensa, relembra e imagina.

Ao final de cada capítulo, você encontrará uma oração da semana: um desejo simples e sincero entre você e Deus para os dias que virão.

Portanto, escolha um dia da semana e conceda a si mesma um tempo: permita-se passar pelo menos cinco minutos com a maravilhosa Palavra de Deus.

A PRESENÇA DE DEUS

"Deus está no meio dela; ela jamais será abalada. Desde o raiar do dia, Deus a ajudará."

SALMOS 46:5

Como mulheres de fé, temos a dádiva de servir a um Deus que promete estar conosco em cada passo do caminho.

Em meio aos desafios e incertezas da vida, você pode se sentir fraca, sufocada ou até amedrontada. Mas não desanime, pois Deus vive dentro de você. Ele mora em seu coração, fortalecendo-a para enfrentar cada novo dia com coragem e determinação. Quando Deus está em você, você pode se erguer em confiança, sabendo que está longe de estar sozinha.

Quaisquer que sejam as provações ou tribulações que apareçam pela frente, tenha plena confiança de que você não cairá. O Deus do universo, que sustenta todas as coisas em Suas mãos, há de erguê-la. Mesmo na hora mais sombria, a Sua luz irromperá, trazendo esperança e orientação. Ele nunca falha em ajudar você a cada amanhecer, concedendo misericórdia e recomeços.

Reflexões

1. Onde e quando você sente melhor a presença de Deus?

....

....

....

2. Quando você mais sente a necessidade da presença Dele?

....

....

....

3. O que você pode fazer para ampliar a presença Dele em sua vida?

....

....

....

Oração da semana

Senhor, que a Vossa presença preencha a minha alma e me conceda a força para perseverar e a paz para confiar em Vosso plano. Ajudai-me a enfrentar qualquer desafio que surgir em meu caminho com paciência e confiança.

Amém.

LOUVOR

"Eu te louvo porque me fizeste de modo especial e maravilhoso; as Tuas obras são admiráveis, eu sei disso muito bem."

SALMOS 139:14

Você já enfrentou sentimentos de inadequação ou duvidou do seu valor? Nesses momentos, lembre-se desta verdade poderosa: você foi feita de modo assombroso e maravilhoso por um Deus amoroso e criativo. Você é uma obra-prima, cuidadosamente concebida com propósito e intenção.

O mundo costuma nos assolar com padrões irrealistas de beleza, sucesso e valor. Porém podemos encontrar a nossa verdadeira identidade e importância naquele que nos criou à Sua imagem. As obras de Deus são maravilhosas, e isso inclui você. Você foi concebida de modo singular, com uma combinação de dons, talentos e características que a tornam uma criação sem igual.

Em uma cultura que diz que precisamos ser mais, a Palavra de Deus nos lembra de que já somos tudo o que precisamos ser. Você não precisa buscar a perfeição nem se comparar aos outros. Deus se alegra com você do jeito que você é. Valorize os seus pontos fortes, aceite os seus pontos fracos e celebre a beleza da sua individualidade.

Reserve um momento para louvar a Deus por Sua obra maravilhosa ao criar você. Escolha enxergar a si mesma pelos olhos Dele, sabendo que você é valorizada, estimada e amada. Viva com confiança, sabendo que você é absolutamente sem igual, e que nenhum padrão terreno pode definir o seu valor.

Reflexões

1. Você gosta de receber elogios? Como se sente com esse tipo de louvor?

2. Por que devemos louvar a Deus?

3. Como você pode agir de modo mais intencional ao expressar louvor a Deus?

Oração da semana

Senhor, libertai-me da dúvida interior e permita que Vosso amor e graça brilhem através de mim. Guiai-me na minha missão de louvar o Vosso nome e me conduzais àqueles que precisam ouvir sobre a Vossa grandeza.

Amém.

RESPEITO

"Da mesma forma, as mulheres devem ser dignas de respeito, não caluniadoras, mas moderadas e confiáveis em tudo."

1 TIMÓTEO 3:11

Devemos viver com integridade e honra, tanto em nossas ações quanto em nossas palavras. Este versículo inspirador de 1 Timóteo nos lembra da importância de cultivar um caráter digno de respeito.

As nossas palavras possuem um poder enorme: podem edificar ou destruir. Que saibamos empregá-las com sabedoria, infundindo vida, encorajamento e verdade nos outros, e evitando a fofoca, a difamação e o discurso negativo.

Ser "dignas de respeito" significa não só merecer o respeito das pessoas, mas também tratar a nós mesmas e aos demais com respeito. Sejamos cuidadosas com as nossas palavras, evitando comentários maldosos. Em vez disso, escolhamos expressões que transmitem alívio, graça e bondade. Que o nosso modo de falar se caracterize pela moderação, autocontrole e ponderação em nossa comunicação.

Ser digna de confiança em tudo significa viver com integridade. As nossas ações devem estar em conformidade com as nossas palavras e devemos ser pessoas responsáveis, honestas e íntegras em nossos compromissos. Ao vivermos dessa maneira, podemos nos tornar uma fonte de inspiração e confiança para os que estão ao nosso redor.

Reflexões

1. Quem você considera uma pessoa "digna de respeito"?

2. Alguma vez na sua vida você não se sentiu suficientemente respeitada?

3. O que você pode mudar em sua vida para se tornar mais digna de respeito?

Oração da semana

Senhor, ajudai-me a viver de uma forma que seja digna de respeito. Livrai-me da maldade e iluminai o meu caminho com bondade e retidão.

Amém.

TUDO VEM DE DEUS

"Porque assim como a mulher veio do homem, também o homem nasce da mulher. Mas tudo vem de Deus."

1 CORÍNTIOS 11:12

Na delicada dança da vida, é fácil nos envolvermos em divisões, comparações e diferenças entre homens e mulheres. Porém a Bíblia nos lembra de uma verdade poderosa: tanto o homem quanto a mulher são seres independentes e têm igual importância no plano de Deus.

Nós, mulheres, podemos ter vindo do homem, mas é por meio de nós que os homens nascem neste mundo. Estamos intimamente ligados, concebidos para nos complementar e refletir juntos a imagem de Deus. As nossas diferenças não se destinam a nos separar, mas sim a celebrar a beleza plural da criação divina.

Além disso, em meio à harmonia dessa unidade, a fonte suprema de tudo é Deus. Ele é o criador de todas as coisas, aquele que sopra vida em cada um de nós. O nosso valor e identidade não vêm do nosso gênero, mas da origem comum que temos no Senhor.

Celebremos a força, a resiliência e a capacidade de cuidar que Deus nos confiou, e também a nossa singularidade como mulheres. Ao fazermos isso, reconheçamos e honremos também o valor e as contribuições dos homens ao nosso lado: os nossos pais, irmãos, companheiros e filhos.

Reflexões

1. Você acredita que existem diferenças fundamentais entre mulheres e homens?

2. Qual é a vantagem que você tem por ser mulher?

3. Por que você acha que Deus fez a mulher a partir do homem?

Oração da semana

Senhor, tudo neste mundo vem de Vós e só de Vós. Ajudai-me em minha jornada a rejeitar comparações e divisões, e a celebrar a minha força e importância como mulher.

Amém.

GRAÇA

"Mas, pela graça de Deus, sou o que sou, e a graça que me foi concedida não foi em vão. Antes, trabalhei mais do que todos eles. Contudo, não eu, mas a graça de Deus que está comigo."

1 CORÍNTIOS 15:10

Se lermos nas entrelinhas, vamos encontrar grande consolo e inspiração nas palavras do apóstolo Paulo. São uma lembrança de que as nossas habilidades, conquistas e propósito têm, em última análise, a sua raiz na mão generosa de Deus.

Pela graça de Deus, somos quem somos. As nossas identidades não são definidas apenas por conquistas ou fracassos, mas também pela estima e pelo amor que Ele verte sobre nós. E é a Sua graça que nos permite crescer, superar desafios e realizar o nosso potencial.

Ainda assim, Paulo reconhece que desempenhou um papel significativo nessa jornada. Ele trabalhou com afinco, mas admite que os seus esforços não foram independentes da graça de Deus. As nossas próprias iniciativas e realizações são importantes, mas estão sempre acompanhadas pela graça fortalecedora de Deus atuando ao nosso lado.

Abracemos a verdade de que somos beneficiárias da incrível graça de Deus. É por meio dessa graça que somos transformadas, renovadas e capacitadas para sermos quem somos. Ao enfrentarmos os desafios da vida e perseguirmos os nossos sonhos, que encontremos apoio em Sua graça, sabendo que a verdadeira alegria não está só em nossa força, mas também na parceria com Ele.

Reflexões

1. Qual é a graça de Deus mencionada por Paulo?

2. Como a graça de Deus pode sustentar as nossas próprias iniciativas e realizações?

3. O que a palavra "graça" significa para você?

Oração da semana

Senhor, obrigada pelo Vosso favor imerecido que me ampara e me faz seguir em frente. Venho a Vós com o coração humilde, à procura da Vossa graça, e prometo trabalhar com afinco para merecê-la.

Amém.

PROMESSAS

"Bem-aventurada é aquela que acreditou, porque será cumprido o que Senhor lhe prometeu."

LUCAS 1:45

Num mundo cheio de incertezas e promessas efêmeras, temos o privilégio de depositar a nossa confiança no caráter imutável e fiel do nosso Pai Celestial.

Ao crermos, os nossos corações se enchem de esperança e as nossas almas ficam em paz. As promessas de Deus não são palavras vazias; são firmes e dignas de confiança. São uma verdade à qual podemos nos agarrar nos momentos difíceis.

Crer nas promessas de Deus exige fé. Exige que nos agarremos à verdade mesmo quando as circunstâncias parecem sombrias ou quando as coisas não saem do jeito que gostaríamos. Significa enxergar além das nossas limitações e depositar a nossa confiança Naquele que é capaz de fazer infinitamente mais do que pedimos ou imaginamos.

As promessas do Senhor são para todos nós que escolhemos confiar Nele. Ao acreditarmos em Sua fidelidade, nos abrimos para receber as Suas bênçãos e orientação.

Reflexões

1. Você acredita que Deus fez promessas para você? Quais são elas?

2. Às vezes, você acha difícil confiar fielmente em Deus?

3. O que você pode fazer quando sentir que a sua fé está vacilando?

Oração da semana

Senhor, prometo crer e confiar em Vós, deixando a minha fé me ancorar nos momentos difíceis. Confio plenamente que cumprirás Vossas promessas para mim, para a minha família e para as pessoas que amo.

Amém.

HONRA

"A mulher bondosa conquista honra, mas homens cruéis só conquistam riqueza."

PROVÉRBIOS 11:16

Essas sábias palavras nos lembram do valor duradouro de um coração cheio de bondade e compaixão. Elas nos ensinam que devemos celebrar e praticar a bondade que traz honra não só a nós mesmas, mas também a nosso Pai Celestial.

A bondade é mais do que um mero ato ou gesto: ela vem do fundo do nosso coração. É uma disposição para amar, sentir compaixão e se doar em favor do próximo. Ao praticarmos a bondade, refletimos a própria natureza do nosso Salvador, Jesus Cristo.

Às vezes nos esquecemos, mas a verdadeira honra está em atos de bondade, e não na ambição desenfreada. Enquanto a riqueza e o sucesso podem ser efêmeros e se perder num piscar de olhos, o impacto de um gesto bondoso pode se estender por gerações.

Quando você escolhe a bondade, traz honra para si mesma, levando mais luz ao mundo ao seu redor. Por meio da sua bondade, você transmite devoção e amor.

Reflexões

1. Por que você acha que a Bíblia compara bondade diretamente com crueldade?

2. Qual é a importância de conquistar honra na vida de uma pessoa?

3. Você se sente honrada pelas pessoas ao seu redor?

Oração da semana

Senhor, temperai as minhas palavras com bondade, marcai as minhas ações com compaixão e inundai o meu coração de cuidado pelos outros. Ajudai-me a ser digna de honra aos Vossos olhos e aos olhos do mundo.

Amém.

SABEDORIA

"A mulher sábia edifica o seu lar, mas a insensata o destrói com as próprias mãos."

PROVÉRBIOS 14:1

A mulher sábia compreende a importância de construir algo que perdure. Ela investe tempo, energia e recursos em cultivar relacionamentos, fomentar um ambiente de amor e criar um lar repleto da presença de Deus. Ela constrói um legado de fé, união e força.

Ao contrário, a mulher insensata permite que escolhas e comportamentos destrutivos derrubem o que poderia ser um lugar de paz e harmonia. As suas palavras, ações e atitudes contribuem para a erosão da confiança, o rompimento dos relacionamentos e a perda da estabilidade.

Você tem a oportunidade e, de fato, a responsabilidade de contribuir para o bem-estar e o florescimento do seu lar, da sua família e da sua comunidade. As suas escolhas e ações têm um impacto profundo na base que você constrói para as pessoas ao seu redor. Além disso, você tem o poder de fazer um enorme bem.

Se agir com propósito na edificação de um lar alegre e acolhedor para você e as pessoas que você ama, estará escolhendo sabiamente o crescimento, a melhoria e o amor como valores principais em sua vida.

Reflexões

1. No seu lar, você cultiva um ambiente onde a presença de Deus é sentida e onde os outros encontram conforto, encorajamento e apoio?

2. Como você pode ser mais sábia na maneira como cuida do seu lar?

Oração da semana

Senhor, guiai-me enquanto construo uma base de amor, perdão e graça. Ajudai-me a ser sábia, e não insensata, e pegai a minha mão enquanto forjo um lar para a minha família.

Amém.

TRABALHO DURO

"Ela avalia uma propriedade e a compra com o que ganhou e planta nela um vinhedo. Dedica-se ao trabalho com vigor; os seus braços são fortes para as suas tarefas."

PROVÉRBIOS 31:16-17

No exemplo dessa mulher virtuosa, que enfrenta o trabalho com força e sabedoria, vemos um reflexo do plano de Deus para as nossas vidas. Ela demonstra análise cuidadosa, dando passos calculados para investir em empreendimentos frutíferos. Os seus esforços rendem ganhos financeiros, além da capacidade de contribuir para o crescimento e a prosperidade das pessoas ao seu redor.

Ela enfrenta o trabalho com vigor e força. Os seus braços estão prontos para cumprir as tarefas, indicando preparo e dedicação. Ela não recua diante do trabalho duro; pelo contrário, adota-o como uma oportunidade de exercitar os seus dons, habilidades e talentos.

Lembre-se de que o seu trabalho faz diferença. As suas contribuições geram impacto, mesmo que você nem sempre o perceba de imediato. Com a força e a sabedoria de Deus, você está capacitada a enfrentar as tarefas que tem diante de si e prosperar no propósito dado por Deus. Abrace o seu trabalho com um espírito de excelência e perseverança, confiando que, ao fazê-lo, Deus abençoará os seus esforços.

Reflexões

1. Que tipo de trabalho lhe traz mais satisfação?

2. Por que você acha que isso acontece?

3. Que habilidades e capacidades Deus lhe concedeu para que você possa suportar o trabalho duro?

Oração da semana

Senhor, abençoai-me com a capacidade de encontrar alegria e satisfação no trabalho duro. Dai-me a força para enfrentar até mesmo os dias mais difíceis e ajudai-me a ver os frutos dos meus esforços se concretizarem.

Amém.

COMPANHEIRISMO

"E disse o Senhor Deus: 'Não é bom que o homem esteja só. Farei para ele uma companheira que lhe seja adequada'."

GÊNESIS 2:18-24

No princípio do nosso mundo, Deus reconheceu a necessidade de companheirismo e comunitarismo. Ele entendeu que não era bom que o homem vivesse só. Por Sua sabedoria e amor, Ele criou a mulher para ser uma companheira adequada.

Você foi criada de maneira singular por Deus para cumprir esse papel. É uma parceira inestimável, igual em valor e importância. O seu papel é um chamado divino, que lhe concede a honra e o privilégio de contribuir para o bem-estar das pessoas ao seu redor.

Deus criou você para trazer força, sabedoria e apoio a seus relacionamentos. Seja com amigos, parceiros românticos, familiares ou colegas, você tem a capacidade de oferecer encorajamento, amor e compreensão. Os seus dons, talentos e perspectivas singulares enriquecem a vida dos outros e trazem equilíbrio e harmonia à sua família, amizades e comunidade.

Reflexões

1. A mulher foi criada a fim de ser companheira para o homem. Quais das suas qualidades tornam você uma boa companheira?

2. O que é importante para você quando se trata de companheirismo?

3. Você vive isso no seu relacionamento atual?

Oração da semana

Senhor, cercai-me de pessoas que me amam e de relacionamentos que me elevem. Ajudai-me a ser uma parceira melhor, uma companheira gentil, paciente e compassiva.

Amém.

VALOR

"Quem encontrará uma mulher virtuosa? Ela é muito mais preciosa do que rubis."

PROVÉRBIOS 31:10

Essas palavras inspiradoras nos lembram do verdadeiro valor e significado do caráter virtuoso. Como mulheres de fé, somos chamadas a cultivar um coração e um caráter que reflitam a beleza e a sabedoria do nosso Pai Celestial.

O valor de uma mulher não está em sua aparência, conquistas ou posses. Encontra-se na profundidade do seu caráter, em sua integridade e em sua devoção a Deus. Uma esposa virtuosa é um tesouro imensurável, que vale muito mais do que as joias mais preciosas ou de qualquer riqueza que exista neste mundo.

Ser nobre significa dispor de virtudes como integridade, sabedoria, bondade e fidelidade. A nobreza se constrói sobre uma base de amor a Deus e ao próximo. Demonstra-se por meio de palavras de encorajamento, atos de abnegação e um coração que busca honrar a Deus em tudo.

A sua família e os seus amigos são afortunados em ter você. Você deveria acordar todos os dias sabendo que tem muito valor.

Reflexões

1. Por que você acha que a Bíblia escolheu rubis como comparação para o valor de uma mulher?

2. Você já se sentiu sem valor alguma vez? Para si mesma, para a sua família ou aos olhos de Deus?

3. Por que você acha que isso acontece? E o que você pode fazer para confiar de verdade no seu valor?

Oração da semana

Senhor, sempre que eu duvidar do meu valor, mostrai--me o caminho do amor-próprio. Esteja presente na minha vida e me lembrai da mulher, esposa, filha e mãe incrível que sou.

Amém.

FÉ

"Enganoso é o encanto e passageira é a beleza, mas a mulher que teme ao Senhor será louvada."

PROVÉRBIOS 31:30

Embora a beleza exterior possa encantar por um instante, ela é efêmera e sujeita à passagem do tempo. Porém a beleza que se exterioriza de um coração temente a Deus transcende as limitações da aparência física. É uma beleza que vem de uma ligação profunda com o Criador, uma beleza que emana de uma vida em conformidade com os Seus princípios.

Quando abraçamos a sabedoria divina, à procura de Sua orientação, e entregamos as nossas vidas a Seus propósitos, a nossa beleza interior pode cativar o coração dos outros, aproximando-os Daquele que é a fonte de toda beleza e bondade.

Você é digna de louvor, não por causa de qualquer encanto ou beleza exterior, mas porque tem um coração temente a Deus. Abrace essa verdade e perceba como a beleza do seu coração se torna um testemunho do poder transformador de uma vida consagrada ao Senhor.

Reflexões

1. Por que devemos temer ao Senhor? Por que não devemos simplesmente confiar Nele?

2. Você se sente diferente nos momentos em que está mais próxima da sua fé?

3. O que você deseja para si mesma em relação à sua ligação com Deus?

Oração da semana

Senhor, prometo viver sob a Vossa luz e viver a minha fé todos os dias. Com força e integridade. Apoiai-me sempre que a minha fé vacilar e me lembrai de como voltar a Vós.

Amém.

CARIDADE

"Ela abre os braços aos pobres e estende as mãos aos necessitados. Quando neva, ela não teme por seu lar, pois todos estão vestidos de escarlate."

PROVÉRBIOS 31:20-21

Em Provérbios 31, na caracterização da mulher virtuosa, encontramos uma bela descrição de um coração cheio de compaixão e caridade. Essa mulher se preocupa com as necessidades do seu próprio lar, além de estender as mãos para os necessitados e vulneráveis fora do seu lar.

As suas ações nos recordam do chamado para amar e servir aos outros, principalmente aos menos favorecidos. Ela estende as mãos aos pobres, oferecendo ajuda e satisfazendo as necessidade práticas deles. A sua compaixão vai além do seu círculo imediato, fazendo a diferença na vida das pessoas a seu redor.

Além disso, essa mulher revela um espírito de prontidão. Ela antecipa e provê o bem-estar da sua família. Diante dos desafios do inverno, garante que os seus familiares estejam agasalhados e protegidos contra o frio. A sua prontidão reflete a atenção e o compromisso com o cuidado das pessoas que você ama.

Reflexões

1. Você leva uma vida voltada à caridade e à generosidade?

2. Como você pode tratar melhor os seus semelhantes e fazer mais por eles, dentro e fora da sua comunidade?

3. Como você acha que Deus recompensa aqueles que Ele ama pela caridade que fazem em Seu nome?

Oração da semana

Senhor, abra o meu coração para as necessidades dos menos favorecidos. Permiti que o meu lar seja um lugar de aconchego e conforto e me concedei oportunidades para estender a mão aos necessitados e agir em Vosso nome neste mundo.

Amém.

PROTEÇÃO

"Pois o Senhor, o seu Deus, é o que vai convosco, para lutar por vocês contra os seus inimigos, para dar-lhes a vitória."

DEUTERONÔMIO 20:4

Em nossa jornada de fé, encaramos batalhas e desafios ao longo do caminho. Às vezes, essas batalhas são externas, quando enfrentamos oposição e obstáculos no mundo. Outras vezes, as batalhas são internas, quando lutamos contra dúvidas, medos e tentações. Nesses momentos, encontramos consolo e força na certeza de que o Senhor, o nosso Deus, está conosco.

Você não foi deixada para travar sozinha as suas batalhas. Deus vai adiante e luta em seu favor para livrar você dos seus conflitos, internos e externos. Ele é o seu protetor, o seu defensor e o seu libertador.

Em tempos de luta, é fácil se sentir angustiada e desanimada. Mas somos lembradas de que não precisamos depender da nossa força ou sabedoria. É o Senhor quem luta por nós, e o Seu poder não tem limites. Com Ele ao nosso lado, podemos enfrentar qualquer inimigo, superar qualquer obstáculo e conquistar a vitória em Seu nome.

Tenha coragem, pois você não está sozinha nas suas batalhas. Confie no amor infalível de Deus, conte com o Seu imenso poder e se apoie na certeza de que Ele cumpre fielmente as Suas promessas. Com Deus a seu lado, a felicidade e a paz estão asseguradas.

Reflexões

1. Quem são os seus "inimigos"? São externos ou internos?

2. Que proteção Deus lhe concede em sua vida diária?

3. Quando você sentiu Deus apoiando e protegendo você contra as dificuldades?

Oração da semana

Senhor, seja a minha proteção e a proteção da minha família e pessoas que amo quando nos sentirmos fracos ou enfrentarmos adversidades. Protegei-nos das dificuldades, do medo e das tentações, sempre confiaremos em Vossa orientação.

Amém.

FORÇA

"Mas os que confiam no Senhor renovarão as suas forças. Voarão alto como as águias; correrão e não se cansarão, caminharão e não fraquejarão."

ISAÍAS 40:31

Na jornada da vida, costumamos nos deparar com cansaço, desafios e momentos de fraqueza. É quando precisamos da força e da renovação que só o Senhor pode oferecer.

Ao depositarmos a nossa esperança no Senhor, algo incrível acontece. A nossa força é renovada e temos o poder de voar alto como as águias. Assim como essas aves majestosas que planam sem esforço nas alturas, podemos nos elevar acima das nossas circunstâncias, transcendendo as limitações que tentam nos conter.

Não apenas voamos, mas também ganhamos resistência. Podemos correr e não nos cansar, atravessando os desafios da vida sem perder o ânimo. A nossa esperança no Senhor nos alimenta com perseverança, dando-nos força para seguir em frente, mesmo quando o caminho é difícil.

Portanto, deposite a sua esperança no Senhor. Permita que o Espírito de Deus renove a sua força e a eleve nas alturas como uma águia. Abrace as promessas da Palavra Divina, e se dê conta da alegria e liberdade de voar alto na presença do Senhor.

Reflexões

1. Você busca a força do Senhor quando enfrenta desafios?

2. Como você se sente ao saber que Ele está sempre ao seu lado para apoiá-la?

3. Em que áreas da vida você poderia obter forças ainda inexploradas do seu relacionamento com Deus?

Oração da semana

Senhor, dai-me a força necessária para cumprir o meu propósito neste mundo. Dai-me o poder de superar qualquer coisa, perseverar e caminhar com fidelidade.

Amém.

PLANOS PARA O FUTURO

"Porque sou Eu que conheço os planos que tenho para vocês, declara o Senhor, planos de fazê-los prosperar e não de lhes causar dano, planos de dar-lhes esperança e um futuro."

JEREMIAS 29:11

Em uma rotina corrida, desafiadora e sufocante, não é difícil perder de vista o panorama geral e questionar o rumo de nossas vidas. Mesmo assim, em meio a tudo isso, podemos encontrar consolo e segurança nas palavras do nosso Pai amoroso.

Deus declara que tem planos repletos de paz, esperança e um futuro para nós. Ele é o planejador supremo, e as Suas intenções para as nossas vidas são boas. Ele deseja nos ver florescer, ver-nos caminhando segundo o Seu propósito e nos ver experimentando a vida abundante que Ele reservou para nós.

Às vezes, os nossos planos pessoais podem desandar, colocando-nos em circunstâncias inesperadas que parecem contrariar as promessas de Deus. No entanto, podemos confiar que os Seus planos são maiores e mais elevados que os nossos. Ele enxerga o panorama geral e sabe o que é melhor para nós.

Apegue-se à certeza de que Deus possui um plano maravilhoso para a sua vida. Confie na fidelidade Dele e deixe que Sua paz ancore a sua alma. Abra o coração para a Sua direção e abrace o futuro cheio de esperança que Ele reservou para você.

Reflexões

1. Você acredita que Deus tem um plano traçado para a sua vida?

2. Você já teve dificuldade para lidar com a imprevisibilidade do futuro?

3. Por que tememos tanto o desconhecido?

Oração da semana

Senhor, cuidai do meu futuro e o enchei de felicidade, saúde e coisas boas. Não preciso conhecer o Vosso plano, mas confio em Vós, com todo o meu coração, que Vós me conduzireis a um futuro de propósito e bênçãos.

Amém.

SEGURANÇA

"O Senhor firma os passos daquele que se deleita Nele; ainda que tropece, não cairá, pois o Senhor o segura pela mão."

SALMOS 37:23-24

Quando nos deparamos com momentos de incerteza, podemos encontrar conforto ao saber que os nossos passos são firmados pelo Senhor quando nos deleitamos em Seus caminhos. Ele é o nosso guia fiel, sempre presente para nos conduzir e nos apoiar.

Ao escolhermos nos deleitar no Senhor, Ele orienta e fortalece os nossos passos. Ele oferece direção para nós e assegura que estamos no caminho certo. Ainda que tropecemos, podemos ter a certeza de que não vamos cair, pois o Senhor nos segura com firmeza.

Quando enfrentamos desafios, cometemos erros ou encontramos obstáculos que ameaçam atrapalhar o nosso progresso, podemos confiar no firme amparo do nosso Pai Celestial. A Sua mão amorosa nos sustenta, dando-nos força para levantar e continuar avançando.

Apegue-se à promessa de que o Senhor firma os seus passos. Deleite-se em Seus caminhos, confie em Sua orientação e conte com os Seus braços eternos. Mesmo que você tropece, Ele vai segurá-la. Você é amparada pela Sua mão e, em Sua força, continuará avançando, cumprindo o propósito que Ele tem para a sua vida.

Reflexões

1. Como a frase "os passos de uma pessoa são firmados pelo Senhor" se aplica à sua vida?

2. O que faz você "tropeçar"?

3. Na sua experiência, como o Senhor segura a sua mão e ajuda você a se levantar?

Oração da semana

Senhor, sede o meu companheiro constante e me levantai quando eu cair. Permiti que eu caminhe com confiança, sabendo que o Senhor me manterá sã e salva.

Amém.

VONTADE DE DEUS

"Não se amoldem ao padrão deste mundo, mas transformem-se pela renovação da mente. Assim, vocês serão capazes de experimentar e comprovar a boa, agradável e perfeita vontade de Deus."

ROMANOS 12:2

Somos constantemente bombardeadas por notícias, opiniões e tendências. É fácil nos deixarmos levar pelos padrões deste mundo e perder de vista a vontade de Deus para as nossas vidas. No entanto, podemos escolher um modo de vida diferente, ou seja, uma vida transformada pela renovação da nossa mente.

O mundo pode nos levar a buscar a sua aprovação, a nos amoldar a seus padrões e a correr atrás dos seus desejos efêmeros. Porém a Palavra de Deus nos incentiva a romper com esses padrões e a renovar as nossas mentes com a Sua verdade e sabedoria.

O processo de renovação da mente exige esforço intencional. Envolve a nossa imersão na Palavra de Deus, a busca de Sua presença em oração e a convivência com os nossos irmãos na fé que nos incentivam e nos fortalecem. Conforme nos aprofundamos na verdade de Deus, o Seu Espírito atua em nós, transformando as nossas perspectivas, atitudes e desejos.

Abrace a verdade, a sabedoria e os valores encontrados na Sua presença. Escolha levar uma vida santificada e orientada pela vontade Dele. Ao fazer isso, você experimentará um profundo senso de realização e propósito, e a sua luz brilhará neste mundo, iluminando a bondade e a verdade do nosso Pai Celestial para os outros.

Reflexões

1. Em sua opinião, a Bíblia está se referindo a qual "transformação"?

2. É possível saber qual é a vontade de Deus para nós? Como?

3. Você acha que está levando uma vida que agradaria ao Senhor?

Oração da semana

Senhor, ajudai-me a entender o que deseja de mim. Renovai a minha mente para que eu possa me tornar um instrumento pelo qual a Vossa vontade se cumpra em minha vida.

Amém.

MOTIVAÇÃO

"Levante-te! Essa questão está em tuas mãos, mas nós te apoiaremos. Tenhas coragem e mãos à obra!"

ESDRAS 10:4

De vez em quando, sabemos que devemos tomar a iniciativa e agir. Podemos enfrentar desafios ou situações que exigem atenção e envolvimento. Nesses momentos, a Palavra de Deus nos lembra de que não estamos sozinhas. Contamos com o apoio e o encorajamento dos nossos irmãos na fé e, acima de tudo, com a força e a orientação do nosso Pai Celestial.

Assim como o povo nos tempos de Esdras se uniu aos amigos para ajudá-lo, também podemos encontrar apoio e unidade em Cristo. Não estamos destinadas a enfrentar as nossas responsabilidades sozinhas, mas sim a nos apoiar mutuamente, proporcionando encorajamento e ajuda enquanto enfrentamos os desafios da vida.

Deus deseja que sejamos fortes e corajosas ao assumirmos as nossas responsabilidades. Ele nos dota de resiliência e nos capacita a agir com fé. É nosso dever lidar com as questões que Ele coloca em nossas mãos, cientes de que Ele abre o caminho para nós e propicia a força de que precisamos.

Conforme você cumpre as suas responsabilidades, lembre-se de que a sua força provém do Senhor. Seja diligente, seja corajosa e tenha certeza da presença Dele. As suas ações, fundamentadas na fé e na obediência, podem causar um impacto significativo no mundo.

Reflexões

1. Quais são os seus deveres? Podem ser deveres como esposa, mãe, trabalhadora, cristã etc.

2. O que você pode fazer quando enfrenta dificuldade para cumprir os seus deveres?

3. Como Deus apoia você e lhe dá a motivação para ter coragem e agir?

Oração da semana

Senhor, seja um pilar em quem eu me apoie quando me faltar motivação para fazer o que devo. Pegai a minha mão e guiai os meus passos para que eu saiba que Vós me destes valores e habilidades para cumprir o meu dever.

Amém.

MEDO

"Não temas, pequeno rebanho, pois a vosso Pai agradou dar-vos o reino."

LUCAS 12:32

Às vezes, a vida nos golpeia com força. Podemos duvidar das nossas habilidades, preocupar-nos com o futuro ou nos sentir sufocadas pelos desafios que surgem em nosso caminho. No entanto, em meio a tudo isso, o nosso Pai Celestial oferece o Seu amoroso reconforto, dizendo: "Não temas, pequeno rebanho".

O nosso Pai se alegra em nos dar o "reino". Ele não é um Deus distante e indiferente, mas sim um Pai amoroso e atencioso, que se importa intensamente com os Seus filhos. Ele conhece as nossas necessidades, os nossos desejos e os nossos sonhos. Anseia conceder as Suas bênçãos sobre nós e nos prover de tudo o que precisamos para cumprir o Seu propósito em nossas vidas.

Quando o medo invade os nossos corações, podemos encontrar consolo na verdade de que o nosso Pai está conosco. Ele nos abraça, protegendo-nos e guiando-nos. Não precisamos temer, pois Aquele que criou os céus e a terra está ao nosso lado.

Portanto não permita que o medo impeça você de realizar os seus sonhos. Lembre-se de que você é amada, valorizada e favorecida pelo Pai Celestial, assim como por muitas outras pessoas em sua vida. Confie na Sua fidelidade, conte com a Sua força e siga em frente com confiança.

Reflexões

1. Do que você tem medo?

2. Como você pode se apoiar na sua fé para aliviar os medos e as apreensões?

3. Você acha que pode existir um lado positivo no medo?

Oração da semana

Senhor, protegei-me do medo e me dai coragem. Libertai a minha mente das apreensões e preocupações, e me concedei a confiança plena em Vós.

Amém.

Semana 21

SACRIFÍCIO

"Ninguém tem maior amor do que aquele que dá a sua vida pelos seus amigos."

JOÃO 15:13

O conceito do amor sacrificial pode ser difícil de compreender, mas está no cerne da nossa fé cristã. Jesus, o nosso exemplo supremo, demonstrou o ato de amor mais grandioso ao entregar voluntariamente a Sua vida por nós na cruz. Ele nos mostrou que o amor verdadeiro envolve abnegação, sacrifício e disposição de abrir mão de tudo em prol dos outros.

Somos chamados a abraçar o amor de Cristo em nossas vidas. Não necessariamente exige martírio físico, mas envolve atos diários de abnegação, compaixão e ajuda ao próximo. Às vezes, significa deixar de lado as nossas preferências e ambições pessoais a fim de elevar e apoiar as pessoas a nosso redor.

Ao sacrificar o nosso conforto, tempo e recursos por nossa família e amigos, podemos fazer a diferença na vida dos outros. Atenda ao chamado de entregar a sua vida de diversas maneiras, grandes e pequenas, ciente de que os seus atos de amor sacrificial têm o poder de impactar os outros e conduzi-los para o amor de Cristo.

Reflexões

1. Você já fez um grande sacrifício por alguém?

2. Que pequenos sacrifícios que você faz diariamente?

3. Como você se sente ao se lembrar dos sacrifícios que já fez? Sente-se amargurada ou fortalecida?

Oração da semana

Senhor, dai-me coragem e fé para me sacrificar por aqueles que amo. Orientai-me na abnegação e me levai até aqueles por quem posso entregar a minha vida. Que o meu companheiro, meus filhos, familiares e minha comunidade sejam beneficiados por tudo o que tenho a oferecer.

Amém.

Semana 22

RENOVAÇÃO

"Por isso não desanimamos. Ainda que exteriormente estejamos nos desgastando, interiormente estamos sendo renovados dia após dia."

2 CORÍNTIOS 4:16

As mulheres modernas costumam enfrentar diversos desafios que podem deixá-las cansadas e desanimadas. Os nossos corpos podem sofrer com fraqueza, doença ou envelhecimento, e as batalhas da vida podem deixar marcas externas. No entanto, em meio a essas dificuldades exteriores, somos lembradas de que a verdadeira identidade e força reside em nosso interior: a pessoa que somos por dentro é renovada todos os dias.

Embora os nossos corpos possam mostrar sinais de desgaste, os nossos espíritos podem passar por uma transformação contínua por meio da ação do Espírito Santo dentro de nós. O amor, a graça e o poder de Deus estão em constante atividade, rejuvenescendo os nossos corações, mentes e almas. Ele nos fortalece para nos elevarmos acima das circunstâncias e encontramos a força interior e a renovação, apesar dos desafios que enfrentamos.

Nos momentos em que nos sentimos sufocadas pelas lutas externas, lembremo-nos de que a nossa verdadeira beleza e força provêm do nosso relacionamento com Cristo. A nossa identidade está enraizada Nele, e o Seu Espírito está atuando em nós, transformando-nos dia após dia.

Reflexões

1. Às vezes, você se sente desconectada da pessoa que é por dentro?

2. Nessa situação, o que você pode fazer para se reconectar consigo mesma?

3. Você inicia o seu dia dedicando alguns minutos a si mesma? O que você costuma fazer nesse tempo?

Oração da semana

Senhor, revelai a Vossa presença para mim, a fim de que eu seja renovada. Deixai-me ser transformada e fortalecida, e que encontre consolo e esperança ao saber que a minha identidade não é definida pela aparência exterior nem pelas circunstâncias, mas sim pela renovação que acontece dentro de mim.

Amém.

ABUNDÂNCIA

"Recebemos Dele tudo o que pedimos, porque obedecemos aos Seus mandamentos e fazemos o que Lhe Agrada."

1 JOÃO 3:22

O nosso Deus é o Deus de abundância. Ele deseja verter as Suas bênçãos sobre nós e satisfazer as nossas necessidades de forma imensurável. O versículo nos lembra de que temos o privilégio incrível de receber Dele tudo o que pedimos quando os nossos corações estão em conformidade com os Seus mandamentos e buscamos agradar-Lhe.

Todos os dias, Deus nos convida a abraçar a Sua provisão abundante. Não são desejos egoístas ou bens materiais, mas a vida que Ele nos oferece. Essa abundância abrange bênçãos espirituais, paz, alegria, amor e a riqueza da Sua presença em nossas vidas.

Para sentir todas as bênçãos de Deus, devemos nos alinhar com a Sua vontade. Fazemos isso obedecendo aos Seus mandamentos e buscando agradar-Lhe em tudo o que fazemos. À medida que seguimos os Seus caminhos, os nossos corações entram em sintonia com os Seus desejos, e as nossas orações se enraízam em Seus propósitos. Ele se alegra em nos conceder os desejos dos nossos corações, quando esses desejos estão em conformidade com a Sua perfeita vontade.

Reflexões

1. Como a abundância se manifesta em sua vida?

2. Você sente que recebe de Deus aquilo que pede?

3. O que devemos fazer para agradar a Deus, para que Ele nos conceda abundância?

Oração da semana

Senhor, nunca deixes de abençoar a mim e as pessoas que amo com a abundância que até hoje tem concedido a nós. Supra-nos conforme a Tua sabedoria e o Teu tempo, e nos incentives a reconhecer o quanto já temos.

Amém.

PERSEVERANÇA

"Pois vocês sabem que a prova da sua fé produz perseverança. E a perseverança deve ter ação completa, a fim de que vocês sejam maduros e íntegros, sem que lhes falte nada."

TIAGO 1:3-4

Todos os dias, enfrentamos situações que põem a nossa fé à prova e nos levam ao limite. Contudo, a Bíblia nos lembra de que, por meio dessas provações, a nossa fé é aprimorada, e a perseverança se desenvolve em nós.

Perseverança não significa apenas suportar as adversidades. É perseverar com confiança inabalável na fidelidade de Deus. Ao enfrentarmos privações e continuarmos a confiar em Deus, a nossa fé se aprofunda, e nos tornamos mais resilientes em nossa caminhada com Ele. Aprendemos a nos apoiar em Sua força e a buscar a Sua sabedoria, encontrando consolo e esperança em Sua presença.

Em meio às dificuldades, surge a tentação de desanimar ou desistir. Porém devemos lembrar que essas provações têm um propósito no crescimento espiritual. Elas nos forjam, moldam e nos aperfeiçoam para que nos tornemos plenamente maduras, íntegras, sem que nos falte nada.

Por isso, podemos sempre confiar no plano de Deus e encontrar consolo em Sua presença.

Reflexões

1. Lembre-se de alguma vez em que você foi levada ao limite.

2. Como suportou, apesar da dificuldade, e saiu vitoriosa?

3. Qual foi o papel de Deus em ajudar você a perseverar?

Oração da semana

Senhor, dai-me força e coragem para suportar os desafios e provações da vida. Ajudai-me a aceitar e abraçar cada um deles, aprendendo e melhorando a cada sucesso.

Amém.

DIGNIDADE

"Ela se veste de força e dignidade; sorri diante do futuro. Fala com sabedoria e instrui com benevolência."

PROVÉRBIOS 31: 25-26

Força, dignidade, sabedoria e benevolência são alguns dos melhores valores que podemos expressar como mulheres cristãs.

Força e dignidade caminham lado a lado. A Bíblia não fala apenas sobre força física, mas também se refere a uma fortaleza interior que nasce de uma fé profunda em Deus. Essa força nos capacita a enfrentar os desafios e as incertezas de cada dia com confiança e graça. É uma força que decorre do conhecimento de que somos filhas de um Rei e que somos amadas e valorizadas por Ele.

A sabedoria é um dom precioso que provém da busca da orientação divina e do tempo meditando a Sua Palavra. Conforme cultivamos o nosso relacionamento com Ele, obtemos entendimento e discernimento, o que nos possibilita a tomar decisões sábias e pronunciar palavras de verdade e encorajamento aos outros.

A instrução benevolente reflete um coração que deseja conduzir e orientar os outros na justiça. É prova do nosso compromisso de viver segundo os princípios de Deus e compartilhar do Seu amor com as pessoas ao redor. Por meio de nossas palavras e ações, podemos impactar vidas e ser fonte de inspiração e encorajamento.

Reflexões

1. Você sente que a maneira como se veste reflete algo do seu eu interior?

2. O que “dignidade” significa para você?

3. Como você pode atuar para levar uma vida mais digna?

Oração da semana

Senhor, concedei-me a bênção de me portar e pensar com força de dignidade. Inspirai-me com o Vosso poder, a Vossa sabedoria e a Vossa instrução benevolente.

Amém.

Semana 26

HUMILDADE

"Humilhai-vos, pois, sob a poderosa mão de Deus, para que Ele vos exalte no devido tempo."

1 PEDRO 5:6

A verdadeira humildade começa ao reconhecermos a nossa total dependência de Deus. É o reconhecimento de que tudo o que temos e tudo o que somos é uma dádiva vinda Dele. Ao sermos humildes, abrimos mão do controle e entregamos a nossa vida a Seu cuidado amoroso.

Quem não deseja entregar o controle a outra pessoa, mesmo que seja só de vez em quando?

Sermos humildes não significa diminuir o nosso valor ou menosprezar as nossas habilidades. Pelo contrário, é uma postura do coração que reconhece a soberania de Deus e a Sua bondade. É um gesto de confiança, reconhecendo que os planos e o tempo de Deus são perfeitos.

Ao abraçarmos a humildade, nos abrimos para a obra transformadora de Deus. Ele nos eleva, não no sentido mundano da glória pessoal, mas de uma maneira de estar em conformidade com os Seus propósitos e permitir que a Sua luz brilhe por meio de nós. É na nossa humildade que a Sua graça, amor e poder são mais evidentes.

Reflexões

1. Quem é a pessoa mais humilde que você conhece?

2. O que você pode aprender com essa pessoa a respeito de praticar a humildade no dia a dia?

3. Qual é a diferença entre ser humilde diante de outras pessoas e ser humilde diante de Deus?

Oração da semana

Senhor, libertai-me da necessidade da promoção pessoal e ajudai-me a crescer em humildade. Mostrai-me o caminho para me apoiar na certeza de que Vós estás agindo em meu favor, e de que eu me sinta satisfeita com tudo o que tenho.

Amém.

PREOCUPAÇÃO

"Quem de vocês, por mais que se preocupe, pode acrescentar uma hora que seja a sua vida?"

MATEUS 6:27

A preocupação tem um jeito de se infiltrar em nossa vida, consumindo os nossos pensamentos e roubando a nossa paz. Entre o trabalho, os afazeres domésticos, os relacionamentos, a maternidade e o voluntariado, com frequência nos vemos preocupadas com o que está por vir. No entanto, o Evangelho de Mateus nos lembra da inutilidade da preocupação e do poder da confiança em Deus.

A preocupação não acrescenta uma única hora à nossa vida. Na verdade, apenas nos priva do momento atual e dificulta a nossa capacidade de estar plenamente presentes e aproveitar a vida enquanto ela passa. Isso nos impede de ver a verdade de que o nosso Pai Celestial conhece as nossas necessidades e está sempre agindo para o nosso bem.

Em vez de permitir que a preocupação nos controle, concentremos a nossa energia na confiança em Deus. Ele é quem detém o nosso futuro em Suas mãos e tem provado a Sua fidelidade repetidas vezes. Ao entregarmos as nossas preocupações a Ele, nos abrimos para experimentar a Sua paz que transcende todo entendimento.

A confiança em Deus não significa ignorar as nossas responsabilidades ou desafios. Significa reconhecer as nossas limitações e confiar em Sua força e orientação. Significa buscar a Sua sabedoria e alinhar os nossos corações com os Seus propósitos.

Reflexões

1. Todos nós nos preocupamos de vez em quando. Com o que você mais se preocupa?

2. O que você perde ou deixa de aproveitar ao gastar o seu tempo e energia se preocupando com coisas fora do seu controle?

3. Como você pode se libertar da preocupação e levar uma vida mais tranquila?

Oração da semana

Senhor, livrai a minha mente das preocupações e angústias desnecessárias e me concedei a paz de espírito para enfrentar cada dia com confiança e esperança. Sede o meu guia, o meu provedor e o meu consolador, para que eu possa me libertar da preocupação que me domina.

Amém.

Semana 28

BELEZA

"Tu és toda formosa, minha querida, e em ti não há mancha."

CÂNTICO DOS CÂNTICOS 4:7

O mundo nos diz como devemos agir e parecer para sermos consideradas belas. Mas as sábias palavras de Salomão nos remetem a nós mesmas, lembrando-nos de uma perspectiva diferente. Elas falam de uma verdade profunda que vai além dos atributos físicos. Deus nos enxerga como belas em todos os sentidos, cada uma de nós criada de maneira singular e maravilhosa.

A verdadeira beleza emana de dentro. Ela é um reflexo da nossa identidade como filhas de um Rei. A nossa beleza não é determinada por padrões sociais nem por comparação com as outras, mas pelo modo como conduzimos a nossa vida.

Deus enxerga a beleza que reside nas profundezas do nosso coração: a compaixão, a bondade, a humildade e o amor que irradiam de dentro. É a beleza de um espírito gentil, de um coração clemente e de uma alma fiel. Essas qualidades são muito mais preciosas do que qualquer atributo físico.

Lembre-se de que a beleza não é algo a ser perseguido ou alcançado, mas sim acolhido e celebrado. Aceite as suas falhas, imperfeições e virtudes, pois são elas que fazem de você quem você é: uma criação bela aos olhos de Deus.

Reflexões

1. O que há de belo em você?

2. Você tem problemas de autoimagem, autoestima ou amor-próprio?

3. Como a sua fé pode ajudar você a superar essas dificuldades e a ser uma mulher confiante e inspiradora?

Oração da semana

Senhor, obrigada por me tornar tão única, valiosa e bela. Não me deixais esquecer de que sou tudo o que sou graças a Vós. Guiai-me pelo caminho do amor-próprio para que a minha beleza interior possa brilhar através de mim.

Amém.

CASAMENTO

"Portanto deixará o homem o seu pai e a sua mãe e se unirá a sua mulher, e eles serão uma só carne."

GÊNESIS 2:24

O casamento é uma união divina orquestrada pelo próprio Deus. É a junção de duas vidas, dois corações e duas almas num laço sagrado de amor e unidade. Nessa bela aliança, o homem e a mulher deixam o conforto e a segurança dos lares parentais para formar uma nova unidade familiar.

A Bíblia nos lembra da importância de nos tornarmos um só no casamento. Isso representa a prioridade e o compromisso que damos ao nosso cônjuge, deixando para trás a dependência de nossas famílias e abraçando a unidade com o nosso parceiro.

Nutrir e fortalecer esse laço exige propósito, sacrifício e um profundo compromisso de amar e honrar o nosso cônjuge todos os dias, na alegria e na tristeza. Ao longo dos altos e baixos da vida, buscamos cultivar um amor que reflita o amor sacrificial de Cristo.

Num mundo em que os relacionamentos podem ser facilmente desfeitos, somos chamadas a manter firme o nosso compromisso com os votos matrimoniais. Ao buscar a orientação de Deus, podemos forjar uma base sólida de amor, confiança e respeito, capaz de resistir aos desafios no caminho.

E caso você ainda não tenha se casado, saiba que o melhor ainda está por vir. Siga um caminho de esperança, sabendo que um dia você encontrará o seu amor.

Reflexões

1. Se você é casada, como a sua vida mudou após o casamento?

2. Se você não é casada, o que deseja para si mesma num relacionamento sério?

3. Quais são os sacrifícios que você faz pelo casamento? E o que recebe em troca?

Oração da semana

Senhor, abençoai o meu casamento ou relacionamento com propósito, santidade, amor e apoio mútuos. Que Vós estejais sempre presente em nosso lar e ajudai-nos a conduzir o nosso amor por um caminho de graça, perdão e gratidão.

Amém.

INTENÇÃO

"Buscai ao Senhor e a Sua força; buscai sempre a Sua presença."

1 CRÔNICAS 16:11

Enfrentar os desafios, responsabilidades e incertezas que acompanham a condição feminina pode nos deixar cansadas e sobrecarregadas. Sabemos que devemos ser fortes e resilientes, mas onde encontrar forças para enfrentar os altos e baixos da vida?

O nosso Pai Celestial é a fonte da verdadeira força e poder. Ao buscarmos a Sua presença, ao voltarmos o nosso coração e mente para Ele, encontramos a coragem e a perseverança de que precisamos.

Buscar a presença de Deus significa almejar um relacionamento íntimo com Ele. Envolve dedicar tempo à Sua presença de forma intencional, procurando a Sua orientação e alinhando o nosso coração com a Sua vontade. É nessa comunhão com Ele que somos revigoradas, renovadas e fortalecidas.

Nos momentos de fraqueza e cansaço, fixemos o nosso olhar no Senhor. Ao entregarmos os nossos fardos, preocupações e medos a Ele, Ele nos impregna com a Sua força e nos concede a paz que transcende todo entendimento.

Reflexões

1. Você busca intencionalmente uma conexão com Deus? Como?

....

....

....

2. Você considera que a fé é algo que exige bastante dedicação?

....

....

....

3. Em quais lugares, situações ou contextos você cultua a Deus de forma mais intencional?

....

....

....

Oração da semana

Senhor, mostrai-me a Vossa presença sempre que eu buscá-la, na alegria, na dor, na esperança e no desespero. Ajudai-me a viver com propósito e intenção em Vosso mundo admirável.

Amém.

OTIMISMO

"O choro pode durar uma noite, mas a alegria vem pela manhã."

SALMOS 30:5

A vida costuma trazer temporadas de lágrimas, provações e desafios que parecem ofuscar a nossa alegria. Passamos por momentos de dor, decepção e tristeza que podem nos deixar desanimadas e cansadas. No entanto, no meio de tudo isso, a Bíblia nos lembra de que a alegria virá pela manhã.

Assim como a noite dá lugar ao amanhecer, as nossas lágrimas serão substituídas pela alegria. O nosso Pai Celestial é a fonte suprema de felicidade e promete transformar o nosso pranto. Ainda que enfrentemos noites difíceis, temporadas de escuridão e provações que parecem intermináveis, Deus nos assegura que a alegria está a caminho.

Sempre há uma alternativa. Podemos escolher abraçar o otimismo e manter a esperança de que a alegria virá. Não somos definidas pelas circunstâncias atuais, mas pelas promessas de Deus. Pela fé, podemos olhar além das lágrimas e antecipar a manhã de alegria que nos espera.

O amanhecer chega mesmo após as noites mais escuras.

Reflexões

1. Você se considera uma pessoa otimista?

2. Em quais situações acha difícil ser otimista?

3. O que você acha que são as vantagens de praticar um otimismo inabalável, para você e para as pessoas ao seu redor?

Oração da semana

Senhor, concedei-me a força para manter a esperança mesmo quando o futuro é incerto. Trazei-me paz e encorajamento quando os tempos são difíceis, e que eu sempre possa esperar pela felicidade que está por vir.

Amém.

ANSIEDADE

"Não andem ansiosos por coisa alguma, mas em tudo, pela oração e súplica, e com gratidão, apresentem os seus pedidos a Deus."

FILIPENSES 4:6

Às vezes, ficamos preocupadas com o futuro, com as pessoas que amamos, com as nossas responsabilidades e com inúmeras outras questões. No entanto, a Bíblia nos chama para um modo de vida diferente: uma vida livre de ansiedade e cheia da paz que vem de Deus.

As Escrituras nos aconselham a não ficarmos ansiosas por nada. É um convite para confiarmos na soberania e fidelidade do nosso Pai Celestial. Em vez de permitir que a ansiedade nos consuma, somos incentivadas a nos voltar para Deus em oração e apresentar os nossos pedidos a Ele.

Pode parecer impossível, mas quando buscamos Deus por meio da oração, ela se torna a nossa tábua de salvação, o nosso caminho para nos comunicarmos com Ele e encontrarmos consolo em Sua presença. Pela oração e súplica, abrimos os nossos corações, expressando os nossos medos, preocupações e desejos diante Dele. E, ao fazermos isso, somos encorajadas a nos aproximar do Criador com gratidão, reconhecendo a Sua bondade, fidelidade e provisão.

Em todas as situações, grandes ou pequenas, que seja possível levar as nossas preocupações a Deus. Ao entregá-las para Ele, convidamos a Sua paz para guardar os nossos corações e mentes. Substituamos os pensamentos ansiosos por orações de fé, certas de que o nosso Pai Celestial nos ouve e cuida de nós com dedicação.

Reflexões

1. O que deixa você ansiosa?

....

....

....

2. Quando você se sente ansiosa, como isso afeta o seu jeito de agir e se comportar com os outros?

....

....

....

3. O que você pode fazer para reduzir essa ansiedade assim que perceber que ela está consumindo você?

....

....

....

Oração do dia

Senhor, livrai-me do fardo da ansiedade, para que eu possa confiar em Vosso cuidado amoroso. Sabei que encontro consolo em Vossa presença e que confio em Vossa orientação em toda situação difícil.

Amém.

BONDADE

"Façam aos outros o mesmo que gostariam que fizessem a vocês."

LUCAS 6:31

A bondade é uma virtude de grande poder. Ela tem a capacidade de transformar vidas, curar corações partidos e trazer luz às situações mais sombrias.

Somos lembradas da Regra de Ouro: tratar os outros como gostaríamos de ser tratadas. É um convite para adotarmos a bondade como um modo de vida, e não apenas como um gesto passageiro. Ao praticarmos a bondade, criamos um efeito cascata que toca não só o beneficiário, mas também aqueles que a testemunham.

A bondade vai além das delicadezas ou boas maneiras superficiais. Ela está enraizada no cuidado e na preocupação genuína pelos outros. Exige que olhemos além de nós mesmas e consideremos as necessidades e os sentimentos das pessoas ao nosso redor. A bondade nos instiga a ser compassivas, pacientes e compreensivas.

Reflexões

1. Você semeia a bondade em seus relacionamentos?

2. Você tem propósito em suas palavras e ações, buscando elevar e encorajar?

3. O que mais você pode fazer para ser mais gentil com os outros?

Oração da semana

Senhor, inundai o meu coração com a bondade que nasce de conhecer Cristo. Ajudai-me a cultivar um espírito de compaixão e empatia pelos outros, para que eu possa trazer cura, alegria e esperança às pessoas que amo.

Amém.

ENCORAJAMENTO

"E consideremo-nos uns aos outros a fim de nos estimularmos ao amor e às boas obras."

HEBREUS 10:24

O encorajamento não se limita a gestos grandiosos ou atos extravagantes. Pode ser tão simples quanto uma palavra gentil, um ouvido atento ou uma oração sincera. Trata-se de enxergar o potencial nos outros e também ajudá-los a reconhecê-lo. Consiste em lembrá-los da fidelidade de Deus e do chamado que Ele colocou em suas vidas.

Com a família, amigos e colegas ao nosso redor dia após dia, temos a oportunidade de elevar e constantemente motivar os outros, lembrando-os do próprio valor e do incrível potencial que possuem em Cristo. As nossas palavras e ações podem insuflar vida em almas cansadas, infundindo-as de força e coragem, se assim decidirmos.

O encorajamento começa com atos intencionais de bondade e interesse genuíno pela vida das pessoas que nos cercam. Podemos oferecer um ouvido atento, um ombro amigo ou uma palavra de apoio. Podemos celebrar as vitórias mútuas e ser uma fonte de apoio nos momentos difíceis.

Reflexões

1. Quem são as pessoas na sua vida que encorajam você a ser melhor?

2. Como você pode ser uma força positiva e encorajadora para as pessoas ao seu redor?

3. Como você se eleva e se encoraja por meio da sua fé?

Oração da semana

Senhor, encorajai-me a ser bondosa, generosa e indulgente. Ensinai-me a ser uma força positiva na vida dos outros e abençoai-me com a oportunidade de ser uma fonte de alegria para eles.

Amém.

AUTOCONSCIÊNCIA

"Se afirmarmos que não temos pecados, enganamo-nos a nós mesmos, e não há verdade em nós."

1 JOÃO 1:8

A autoconsciência envolve examinar com honestidade os nossos pensamentos, atitudes e ações à luz da verdade de Deus. Consiste na disposição de reconhecer as nossas falhas e vulnerabilidades, compreendendo que todos carecemos do perdão e da redenção divina. Não se trata de ficar presa à culpa ou vergonha, mas sim de abraçar o poder transformador do amor de Deus.

Ao nos darmos conta da nossa pecaminosidade, somos levadas a uma condição de rendição e dependência de Deus. Reconhecemos que não podemos nos salvar nem merecer o favor divino pelos nossos próprios esforços. Em vez disso, buscamos com humildade o Seu perdão e acolhemos a Sua obra transformadora em nossas vidas.

Por meio da autoconsciência, também geramos empatia e compaixão pelos outros. Percebemos que, de certa forma, todos nós somos imperfeitos e carecemos da graça de Deus. Ninguém é perfeito. Essa compreensão nos permite oferecer o perdão e a graça às pessoas a nosso redor, assim como as recebemos do nosso Pai Celestial.

Reflexões

1. Com que frequência você reflete sobre os seus pensamentos, palavras e ações?

2. Quais pecados você cometeu e ainda não reconheceu?

3. Por que você considera importante ter consciência dos nossos pecados e pedir perdão a Deus?

Oração da semana

Senhor, perdoai os meus pecados que conscientemente Vos apresento. Mostrai-me que ninguém é perfeito e que errar é humano. Ajudai-me a desenvolver uma consciência mais profunda de mim mesma e das minhas ações.

Amém.

JUSTIÇA

"Bem-aventurados os que têm fome e sede de justiça, pois serão satisfeitos."

MATEUS 5:6

A Bíblia nos lembra de que aqueles que anseiam profundamente pela justiça serão satisfeitos. É por meio da nossa busca por justiça que alinhamos o nosso coração com a vontade de Deus e experimentamos as Suas bênçãos em plenitude.

Ter fome e sede de justiça significa o desejo de levar uma vida que reflita o caráter de Deus e obedeça a Seus mandamentos. Envolve buscar justiça, demonstrar misericórdia e caminhar com humildade. Significa amar o próximo de modo sacrificial e perseguir a santidade em todas as áreas da nossa vida.

O mundo moderno em que vivemos costuma fomentar o interesse próprio e a flexibilidade moral, mas, como seguidoras de Cristo, somos chamadas a um padrão mais elevado. Somos chamadas a ser a luz na escuridão, a defender o que é certo mesmo quando isso é impopular. A nossa fome por justiça deve nos motivar a fazer escolhas que honrem a Deus e abençoem as pessoas próximas.

Ao ansiarmos por justiça, podemos ter certeza de que Deus nos proverá. Ele nos guiará, fortalecendo-nos e nos capacitando a vivermos a Sua justiça em nossa vida cotidiana. As bênçãos que resultam de levar uma vida justa são imensuráveis, tanto neste mundo quanto no reino eterno que há de vir.

Reflexões

1. Você acha que busca uma vida em conformidade com a Palavra de Deus e os Seus caminhos?

....

....

....

2. Você procura justiça, misericórdia e humildade ao se relacionar com outras pessoas?

....

....

....

3. Como você pode ser mais justa do que já é?

....

....

....

Oração da semana

Senhor, que a minha busca por justiça me aproxime de Vós, e que Vós abençoais as pessoas ao meu redor. Apoiai-me quando eu agir com justiça e alertai-me com delicadeza quando eu não agir, para que eu possa mudar a minha conduta.

Amém.

TESOUROS

"Não ajunteis tesouros na terra, onde as traças e a ferrugem os destroem, e onde os ladrões arrombam e roubam."

MATEUS 6:19

A Bíblia nos ensina a mudar o foco dos tesouros terrenos para os celestiais.

Mas o que são esses tesouros celestiais? São as virtudes e qualidade que refletem Cristo em nós: amor, bondade, perdão, compaixão e fidelidade. São os investimentos que fazemos ao construir relacionamentos significativos, ao servir aos outros e ao promover o reino de Deus. São atos de obediência e os sacrifícios que fazemos para honrar e glorificar a Deus.

Quando priorizamos os tesouros celestiais, escolhemos nos alinhar com a perspectiva eterna de Deus. Reconhecemos que o nosso tempo na terra é apenas um momento efêmero comparado à eternidade que passaremos com Ele. Vivemos com um senso de responsabilidade, usando os nossos recursos e talentos para causar impacto no reino divino e abençoar os outros.

Ao priorizar os tesouros celestiais, você descobrirá um senso mais profundo de realização e contentamento. Experimentará a alegria de investir em relacionamentos eternos, compartilhar o amor de Cristo e fazer a diferença na vida das pessoas. Desapegue-se dos tesouros efêmeros deste mundo e volte o seu coração para o que realmente importa: os tesouros que jamais desaparecerão.

Reflexões

1. Quais são as coisas materiais que você valoriza?

2. E quais são as coisas não materiais ou espirituais que são importantes para você?

3. Qual é a diferença entre valorizar algo terreno e algo celestial?

Oração da semana

Senhor, ajudai-me a encontrar contentamentos nos tesouros celestiais. Guiai-me na busca por saúde, alegria e satisfação e ensinai-me a priorizar o que é realmente importante na vida.

Amém.

Semana 38

TOXICIDADE

"Tome cuidado com os falsos profetas. Eles chegam disfarçados de ovelhas, mas por dentro são lobos ferozes."

MATEUS 7:15

Os relacionamentos tóxicos podem assumir diversas formas. Podem envolver indivíduos manipuladores, enganadores ou que nos esgotam emocional, mental ou espiritualmente. Esses relacionamentos podem provocar dor ou confusão e impedir o nosso crescimento em Cristo. No entanto, a Palavra de Deus propicia orientação e discernimento para nos ajudar a identificar e nos proteger desses vínculos nocivos.

Jesus nos incentiva a ficarmos atentas e perspicazes. Devemos prestar atenção aos frutos produzidos pelos relacionamentos. Eles são marcados por amor, bondade e autenticidade, ou revelam sinais de manipulação, enganação ou egoísmo? O Espírito Santo nos capacita a distinguir entre aqueles que sinceramente seguem Cristo e os que enganam.

Ao se proteger contra os relacionamentos tóxicos, Deus trará cura e restauração. Ele cercará você de pessoas que sinceramente amam e apoiam você. A sua jornada de fé será enriquecida por vínculos autênticos, que fomentam o seu crescimento espiritual e refletem o amor de Cristo.

Reflexões

1. Você já teve relacionamentos tóxicos na vida?

2. Como consegue reconhecer um relacionamento que está se tornando tóxico?

3. O que você deve fazer ao perceber que as pessoas que você ama estão vivendo um relacionamento conturbado?

Oração da semana

Senhor, afastai-me dos vínculos tóxicos e fazei com que eu me aproxime de relacionamentos saudáveis e revigorantes que honrem a Vós. Fortalecei a minha fé e curai as feridas provocadas pelos relacionamentos tóxicos do passado. Ajudai-me a escolher as pessoas certas para estar ao meu redor.

Amém.

PAZ

"Não se irrite facilmente em seu espírito, pois a ira habita o íntimo dos insensatos."

ECLESIASTES 7:9

Como mulheres, enfrentamos inúmeras situações que podem despertar a nossa ira. Seja um desentendimento, uma ofensa ou uma injustiça, a fúria pode facilmente tomar conta dos nossos corações. No entanto, a Palavra de Deus nos lembra de agir com cautela e moderação quando se trata da ira.

A fúria, quando não controlada, pode nos levar por um caminho destrutivo. Pode nublar o nosso julgamento, distorcer a nossa perspectiva e prejudicar os nossos relacionamentos. Dificultando a nossa capacidade de sermos verdadeiras com as pessoas a nosso redor. A Bíblia nos adverte que a ira se aloja no íntimo dos insensatos, indicando que nutri-la não está de acordo com a sabedoria e o caráter de Deus.

Em vez disso, somos incentivadas a conter a fúria e oferecer a graça e o perdão. Isso não significa reprimir ou ignorar as nossas emoções, mas sim levá-las perante Deus em oração e buscar a Sua orientação sobre como reagir. Podemos encontrar consolo sabendo que Deus está no controle e que Ele nos ajudará a atravessar situações difíceis com sabedoria e paz.

Escolher a paz em vez da ira exige que abdiquemos do orgulho, controle e desejo de retaliação. Isso implica cultivar ativamente um coração repleto de amor, compaixão e perdão. Por meio do poder do Espírito Santo, podemos nos transformar e aprender a reagir aos conflitos e ofensas com graça e humildade.

Reflexões

1. Lembre-se de uma situação em que você ficou furiosa recentemente. O que provocou esse sentimento?

2. Como você lidou com a fúria? E quais foram os efeitos das suas escolhas?

3. Que técnicas você pode adotar para manter a calma mesmo quando perder a cabeça?

Oração da semana

Senhor, dai-me forças para escolher a paz em vez da ira. Orientai as minhas reações em cada situação com o Vosso amor e sabedoria. Ajudai-me a respirar fundo e a manter a calma diante da frustração.

Amém.

Semana 40

LUZ INTERIOR

"Vós sois a luz do mundo. Não se pode esconder uma cidade edificada sobre um monte."

MATEUS 5:14

Assim como uma cidade no alto de um monte não pode ser escondida, a nossa vida deve se destacar, iluminando o caminho para que os outros percebam a bondade de Deus.

Ser uma luz para o mundo significa agir com bondade para os indelicados, conceder perdão para os indignos e dar esperança para os desesperançados. Significa ser um farol de amor, compaixão e graça num mundo que desesperadamente carece disso.

De vez em quando, podemos subestimar o impacto que a nossa luz pode ter, achando que os nossos pequenos gestos de bondade ou palavras de encorajamento passam despercebidos. Porém Deus vê cada esforço e pode usar até o menor lampejo de luz para dissipar a escuridão e provocar uma transformação.

No entanto, ser a luz também exige agir com propósito. Significa dedicar algum tempo para cultivar o nosso relacionamento com Deus por meio da oração, do estudo da Sua Palavra e da busca pela Sua orientação. Ao nos aproximarmos Dele, a Sua luz brilhará com mais intensidade em nós, tornando-nos portadoras eficazes do Seu amor.

Reflexões

1. Quando você se sente mais próxima de Deus?

....

....

....

2. Quais ações no seu cotidiano você considera que refletem a sua luz interior?

....

....

....

3. Quem brilha com mais intensidade na sua vida?

....

....

....

Oração da semana

Senhor, ajudai-me a abraçar o entendimento de que Vós me dotastes de maneira singular para irradiar a Vossa luz. Permita que a minha luz traga esperança aos cansados, consolo aos desesperados e orientação aos perdidos. Seja o meu guia e a minha força, ajudando-me a brilhar mesmo nos dias mais difíceis.

Amém.

PACIÊNCIA

"O homem irascível gera conflitos, mas o paciente apazigua uma discussão."

PROVÉRBIOS 15:18

Às vezes, a paciência é uma virtude que pode parecer inatingível. A sociedade incita resultados rápidos, gratificação instantânea e soluções imediatas. Porém a Bíblia nos lembra de que temperamentos explosivos podem causar brigas e desentendimentos. A impaciência pode alimentar mal-entendidos, palavras ofensivas e relacionamentos abalados.

No entanto, se decidirmos exercitar a paciência, criaremos espaços em que prevalecerão a paz. A paciência é como um bálsamo reconfortante que acalma os mares tempestuosos do conflito e favorece a reconciliação.

A paciência não é uma simples espera passiva ou resignação. É uma decisão consciente de confiar no tempo e na sabedoria de Deus. Envolve cultivar um espírito de entendimento, empatia e compaixão pelos outros. A nossa paciência pessoal é um tributo à paciência que Deus nos mostrou por meio do Seu amor e graça duradouros.

Reflexões

1. Você diria que costuma ser uma pessoa paciente?

2. O que põe à prova a sua paciência?

3. O que acontece quando você cede à impaciência?

Oração da semana

Senhor, concedei-me sabedoria e força para cultivar o valor da paciência em minha vida. Nos momentos de frustração, pegai a minha mão e ajudai-me a enfrentar a situação com paciência e graça.

Amém.

MATERNIDADE

"Que leoa foi a sua mãe entre as leoas! Ela se deitava entre os seus filhotes e os criava."

EZEQUIEL 19:2

A maternidade é um chamado que traz imensa força, coragem e sacrifício. A imagem da leoa é uma metáfora poderosa para o coração de uma mãe. Assim como uma felina, uma mãe protege, cuida e ama intensamente os filhos.

No reino animal, as leoas são conhecidas pela coragem e dedicação aos filhotes. Elas enfrentam sem medo o perigo e arriscam a própria vida para assegurar a segurança e o bem-estar da prole. Da mesma forma, como mulheres cristãs, somos chamadas a abraçar o coração de leoa da maternidade.

Essa jornada pode ser repleta de desafios, noites em claro e dificuldades. Exige força e resiliência para enfrentar os altos e baixos da criação dos filhos. Porém, no meio de tudo isso, há beleza e graça. Assim como a leoa se deita entre os seus filhotes, uma mãe cria um espaço seguro e acolhedor, onde os seus filhos podem crescer, aprender e florescer.

Como mães, temos a incrível oportunidade de transmitir o amor de Deus a nossos filhos. Podemos ensiná-los sobre a Sua fidelidade, bondade e perdão. Podemos compartilhar sabedoria e incutir neles os valores de compaixão, integridade e gratidão. Com isso, moldamos a geração futura e deixamos um impacto duradouro em suas vidas.

Reflexões

1. Como você se descreveria como mãe?

2. Qual é o valor mais importante para você na sua jornada da maternidade?

3. O que você gostaria de fazer melhor como mãe no futuro?

Oração da semana

Senhor, abençoai e protegei os meus filhos de todo mal. Dotai-me de força emocional e física para ser a melhor mãe possível e para criar seres humanos generosos, bondosos e fiéis, que se alegram em Vosso louvor.

Amém.

Semana 43

GRATIDÃO

"Alegrem-se sempre, orem continuamente, agradeçam em todas as circunstâncias, pois esta é a vontade de Deus para vocês em Jesus Cristo."

1 TESSALONICENSES 5: 16-18

A gratidão é uma prática poderosa, capaz de transformar a nossa perspectiva e trazer alegria à nossa vida. O apóstolo Paulo nos lembra, em 1 Tessalonicenses 5: 16-18, de que se alegrar, orar e agradecer devem ser partes essenciais da nossa vida.

Ao cultivar um coração voltado à gratidão, abrimos os olhos para a abundância de bênçãos que nos cercam diariamente. A gratidão nos possibilita encontrar alegria nos momentos mais simples e valorizar as pessoas e experiências que enriquecem a nossa vida. Ela também aprofunda o nosso relacionamento com Deus ao identificarmos a Sua mão agindo nos pequenos e grandes detalhes do nosso dia a dia.

Praticar a gratidão nem sempre é fácil, sobretudo em tempos difíceis. No entanto, é durante esses períodos que ela se torna ainda mais essencial. A gratidão nos permite encontrar esperança em meio a provações e confiar no plano soberano de Deus. Serve para nos lembrar de que Ele está conosco, orientando-nos e fazendo todas as coisas cooperarem para o nosso bem.

Reflexões

1. Você costuma dedicar um tempo para expressar a sua gratidão às pessoas que você ama, ao Senhor e a si mesma?

....

....

....

2. O que tem sido motivo de gratidão para você esta semana?

....

....

....

3. Por que é tão importante expressar nossa gratidão, e não apenas senti-la?

....

....

....

Oração da semana

Senhor, obrigada por tudo o que fazeis e continuareis fazendo por mim. Prometo ser mais intencional ao agradecer a Vós e às pessoas da minha vida que me trazem alegria. Ajudai-me a abrir os olhos para as bênçãos que me cercam todos os dias.

Amém.

CONSOLO

"Assim como a mãe consola o seu filho, também Eu vos consolarei; e vós sereis consolados em Jerusalém."

ISAÍAS 66:13

A jornada da vida é cheia de altos e baixos, momentos de alegria e períodos de tristeza. No meio de tudo isso, Deus nos oferece o Seu abraço reconfortante. Podemos encontrar consolo e força ao saber que o nosso Pai Celestial é um Deus misericordioso e amoroso, que cuida de nós com ternura.

Isaías 66:13 retrata maravilhosamente a natureza consoladora de Deus ao compará-la com o cuidado de uma mãe com o seu filho. O amor materno é acolhedor, gentil e inabalável. Propicia um refúgio seguro, um lugar de amparo e segurança. Da mesma forma, o consolo de Deus nos rodeia, trazendo paz e apoio nos momentos de dificuldade.

Nesse versículo, a promessa de consolo divino é direcionada especificamente a Jerusalém, mas se estende a todos os Seus filhos. Independentemente dos fardos ou desafios que enfrentamos, Deus está pronto para consolar e tranquilizar as nossas almas cansadas. Ele conhece a nossa dor, as nossas lutas e as nossas tristezas e deseja ardentemente nos trazer a paz e a cura que somente Ele pode oferecer.

Quando estamos carentes de consolo, voltemo-nos para Deus. Ele nos convida a repousar em Seus braços, abrir o coração para Ele e encontrar consolo em Sua presença. Ele compreende as nossas dores mais profundas e oferece o conforto de que nenhuma fonte terrena é capaz.

Ao recebermos o consolo de Deus, o estendamos também aos outros. Assim como Deus nos consolou, somos chamadas a ser instrumentos de amparo na vida das pessoas ao nosso redor. Por meio de nossas palavras, gestos de bondade e orações, podemos levar o toque curador do amor divino aos que estão sofrendo.

Reflexões

1. O que, ou quem, traz consolo a você em tempos de luta ou dor?

2. Que consolo você encontra em sua fé?

3. Como podemos ser uma sociedade que oferece mais consolo mutuamente?

Oração da semana

Senhor, consolai-me como só Vós sois capaz e ajudai-me a confiar em Vosso cuidado amoroso. Ensinai-me a estender esse mesmo consolo aos outros, compartilhando o Vosso amor e compaixão com aqueles que estão sofrendo.

Amém.

RAÍZES

"E chamou Adão o nome de sua mulher Eva, porque ela seria a mãe de todos os viventes."

GÊNESIS 3:20

A maternidade é um dom divino, uma missão confiada por Deus às mulheres. No Livro de Gênesis, percebemos a importância desse papel quando Adão deu o nome de Eva à sua esposa, reconhecendo-a como a mãe de todos os viventes. Esse versículo não só destaca as origens da humanidade, mas também reconhece o profundo impacto e influência que as mães têm sobre os seus filhos e sobre as gerações futuras.

As mulheres têm o privilégio de participar do milagre da vida e de cuidar da próxima geração. Seja tornando-se mães biológicas ou abraçando a maternidade de outras formas — como mães adotivas ou espirituais —, o nosso papel envolve grande responsabilidade e bênçãos imensuráveis.

O nome Eva, que significa "vida" ou "vivente", representa a essência da maternidade. Temos o poder de moldar e nutrir a vida de maneira física, emocional e espiritual. Por meio do nosso amor, cuidado e orientação, temos a oportunidade de criar filhos que impactarão o mundo para a glória de Deus.

A maternidade não está isenta de desafios e sacrifícios. Exige abnegação, paciência e amor incondicional. No entanto, no meio dessas exigências, podemos encontrar força e alegria ao saber que Deus nos confiou esse papel tão inestimável. Ele nos dota com a Sua graça, sabedoria e apoio comunitário para nos ajudar a percorrer a jornada.

Reflexões

1. Qual é o significado de Eva ser a mãe de todos os viventes?

2. Qual é o papel que as suas raízes desempenham na sua vida?

3. Quais são os seus papéis como mulher e mãe, além de criar os seus filhos?

Oração da semana

Senhor, ajudai-me a abraçar a missão da maternidades com humildade, amor e sabedoria. Fortalecei-me quando eu me sentir cansada e fazei-me lembrar do impacto eterno que posso ter na vida dos meus filhos. Que o nosso lar seja preenchido com a Vossa presença, e os nossos corações, com gratidão.

Amém.

Semana 46

LEGADO

"E a tua descendência será como o pó da terra, e se espalhará para o Ocidente, o Oriente, o Norte e o Sul; e por ti serão benditos todos os povos da terra, e por tua posteridade."

GÊNESIS 28:14

As promessas de Deus não se limitam às nossas vidas individuais, mas se estendem às gerações futuras. Nessa passagem, Deus fala a Jacó, predizendo o crescimento e a influência dos seus descendentes.

O nosso legado não é medido pelas conquistas mundanas ou bens materiais, mas sim pelo impacto que causamos na vida dos outros. Trata-se de legar uma herança de fé, amor e justiça, que abençoará as futuras gerações.

Assim como a descendência de Jacob estava destinada a se espalhar e abençoar a terra, também somos chamadas a viver com propósito. Devemos semear amor, bondade e compaixão, e ensinar a nossos filhos os caminhos de Deus. As nossas palavras e ações devem refletir o caráter de Cristo, inspirando os outros e os guiando até Ele.

Construir um legado piedoso exige que priorizemos o nosso relacionamento com Deus. Precisamos buscar a Sua sabedoria, direção e força enquanto enfrentamos os desafios da maternidade e da vida. Permanecendo apegadas em Sua Palavra e seguindo a Sua orientação, podemos deixar um impacto duradouro em nossos filhos e nas pessoas ao nosso redor.

Reflexões

1. Qual legado você quer deixar para o mundo?

2. Quais ações podemos realizar em nossa vida que terão impacto para além dela?

3. Como Deus pode nos ajudar a forjar o legado que queremos deixar?

Oração da semana

Senhor, obrigada pelo privilégio de deixar um legado. Ajudai-me a viver com propósito e integridade e fortalecei-me para semear a justiça que renderá frutos para as gerações vindouras.

Amém.

ALEGRIA

"Sempre tenho o Senhor diante de mim. Com Ele à minha direita, não serei abalado. Por isso, o meu coração se alegra e no íntimo exulto; o meu corpo também repousará seguro."

SALMOS 16:8-9

A alegria não depende das circunstâncias externas, mas sim da presença de Deus em nossa vida. Nessa passagem, Davi manifesta a sua confiança inabalável na constante presença e proteção divina. Ele mantém o Senhor sempre diante de si e, por isso, o seu coração se enche de alegria e todo o seu ser se regozija.

Como fiéis, a nossa alegria está enraizada em algo profundo e eterno. Ela se ancora em nosso relacionamento com o Senhor, sabendo que Ele está conosco em cada passo do caminho. Podemos encontrar alegria em Sua fidelidade, Suas promessas e Seu amor infalível.

Ao colocarmos Deus diante de nós, reconhecemos a Sua soberania, a Sua orientação e a Sua provisão. Depositamos a nossa confiança Nele e entregamos as nossas preocupações e medos. Como resultado, os nossos corações podem sentir a verdadeira alegria, e todo o nosso ser pode alcançar uma alegria transbordante.

Mesmo no meio de provações e desafios, a ela permanece inabalável porque a nossa segurança reside na presença de Deus. Ele nos ampara com firmeza, protege os nossos corações e nos dá força. A nossa alegria se torna um testemunho para o mundo, um reflexo da paz e confiança que temos em Cristo.

Reflexões

1. O que traz a você a maior alegria do mundo?

2. Como a sua fé e devoção a Deus lhe trazem alegria?

3. Como uma pessoa alegre consegue impactar a sua vida e as pessoas ao seu redor?

Oração da semana

Senhor, ajudai-me a ter-Vos sempre diante de mim e das minhas pessoas queridas, confiando em Vossa fidelidade e provisão. Enchei o meu coração e os corações das pessoas que amo de felicidade, e concedei-nos alegria dia após dia.

Amém.

GENTILEZA

"Seja a sua gentileza conhecida por todos.
Perto está o Senhor."

FILIPENSES 4:5

A gentileza não é sinal de fraqueza, mas sim de força e graça. É a capacidade de reagir com bondade, compaixão e paciência, mesmo diante de situações desafiadoras.

As nossas interações com os outros devem ser caracterizadas por um espírito de gentileza, refletindo o amor e a humildade de Cristo. Ao nos aproximarmos das pessoas com gentileza, criamos um ambiente de paz e entendimento, permitindo que a graça de Deus circule por meio de nós.

É importante lembrar que a nossa gentileza não depende do comportamento ou da reação dos outros. Quando nos aproximamos do Senhor e experimentamos a Sua gentileza para conosco, somos capacitadas a estender essa mesma gentileza para as outras pessoas.

A gentileza exige que sejamos lentas em nos zangar, rápidas em ouvir e cuidadosas em nossas palavras e ações. Isso envolve tratar os outros com respeito, buscar a reconciliação e oferecer perdão. Significa reagir a conflitos e desentendimentos com um espírito gentil, buscando unidade e compreensão.

Reflexões

1. Você conhece alguém de alma gentil? Como essa gentileza se manifesta?

2. Por que a gentileza é um valor importante?

3. O que ganhamos aos sermos gentis com as pessoas?

Oração da semana

Senhor, ajudai-me a me tornar uma pessoa com o coração mais gentil. Ensinai-me a reagir com bondade, compaixão e paciência, mesmo em situações desafiadoras, deixando de lado a raiva e a frustração.

Amém.

AUTOCONTROLE

"Pois o Espírito que Deus nos concedeu não nos torna covardes, mas sim nos dá poder, amor e disciplina."

2 TIMÓTEO 1:7

Quando nascemos, recebemos uma dádiva preciosa do nosso Pai amoroso: o dom do autocontrole. Este nos distingue como discípulas de Cristo. Ele nos capacita a tomar decisões, resistir às tentações e viver de acordo com os propósitos de Deus.

2 Timóteo nos lembra de que o nosso espírito não é de covardia, mas de poder, amor e autocontrole. Deus nos dotou do Seu Espírito, permitindo-nos exercer o autocontrole em todas as áreas da vida. Por meio da Sua graça, conseguimos resistir aos desejos do mundo material e alinhar as nossas ações com a Sua vontade.

O autocontrole não consiste em se restringir ou viver em constante negação. É uma questão de os nossos desejos e comportamentos estarem em conformidade com a verdade de Deus e vivermos em obediência à Sua Palavra. O autocontrole nos permite tomar decisões que honrem Deus e reflitam o Seu caráter para o mundo.

Em nossa jornada de autocontrole, podemos recorrer a Deus em busca de força e orientação. Podemos confiar em Sua Palavra, na oração e no apoio da comunidade cristã para nos ajudar a enfrentar desafios e dominar as tentações. Mediante o poder do Espírito Santo, podemos experimentar a vitória nas áreas da nossa vida onde o autocontrole é necessário.

Reflexões

1. Você considera que dispõe de um autocontrole adequado?

2. Quais pessoas ou situações podem fazer você perder o controle?

3. O que você pode fazer para manter o controle dos seus pensamentos, emoções e ações?

Oração da semana

Senhor, obrigada pelo dom do autocontrole que me concedeste. Ensinai-me a alinhar os meus desejos com a Vossa vontade e viver de acordo com os Vossos propósitos. Fortalecei-me quando eu me sentir fraca e guiai-me na missão de conseguir o autocontrole.

Amém.

COMPAIXÃO

"Levai os fardos uns dos outros e, assim, cumprireis a lei de Cristo."

GÁLATAS 6:2

O Nosso Salvador, Jesus Cristo, demonstrou amor e cuidado ilimitado pelos outros, e Ele nos convida a fazer o mesmo.

A compaixão é mais do que simplesmente sentir pena de alguém. É uma resposta ativa que nos leva a agir. É a ternura que nos incita a estender a mão, ouvir com atenção e oferecer consolo e apoio aos que estão passando por dificuldades. Quando nos colocamos ao lado dos outros e compartilhamos os seus fardos, refletimos o amor de Cristo e levamos a Sua Luz à vida deles.

A compaixão exige que vejamos além de nós mesmas e que estejamos atentas às necessidades de todos. Ela nos estimula a ser empáticas, compreensivas e dispostas a fazer sacrifícios pelo bem-estar dos outros. É por meio de atos de compaixão que podemos refletir verdadeiramente o caráter de Cristo e impactar vidas com o Seu amor.

Reflexões

1. Como você pode tomar a decisão consciente de ser uma mulher compassiva?

2. Quando você não demonstrou compaixão por alguém?

3. Como você poderia agir de forma diferente se tivesse a chance de refazer aquela situação?

Oração da semana

Senhor, enchei o meu coração de compaixão pelos outros. Incentivai-me a estar atenta às Vossas necessidade e apoiai-me enquanto ajudo a carregar os fardos dos outros. Dai-me a sabedoria e o discernimento para reagir com amor e graça.

Amém.

GENEROSIDADE

"Em tudo o que fiz, mostrei-lhes que, mediante trabalho árduo, devemos ajudar os fracos, lembrando-nos das palavras do próprio Senhor Jesus, que disse: 'Há maior bênção em dar do que em receber'."

ATOS 20:35

O próprio Jesus nos ensinou a bênção que vem do ato de dar em vez de receber.

A generosidade reflete o caráter de Deus, pois Ele é o doador supremo. Ele nos concede em abundância o Seu amor, graça e bênçãos. Quando cultivamos um coração generoso, passamos a ser veículos da bondade Dele para os outros.

A generosidade abrange o nosso tempo, talentos e recursos. É uma atitude do coração, que busca oportunidades para abençoar e servir aos outros. Ao estendermos a bondade, mostrarmos compaixão e oferecermos uma mão amiga, participamos da obra divina de transformação de vidas.

Quando damos generosamente, não só abençoamos os outros, mas também sentimos a alegria e a satisfação decorrentes dos atos altruístas. É por meio da generosidade que descobrimos o verdadeiro propósito e significado das nossas vidas: amar e servir aos outros assim como Cristo nos amou.

Reflexões

1. O que significa ser generosa no mundo de hoje?

2. Quem é a pessoa mais generosa que você conhece? O que a faz ser assim?

3. O que você acha mais difícil de dar de coração aberto? Tempo, dinheiro, energia? Ou outra coisa?

Oração da semana

Senhor, mostrai-me a alegria da generosidade. Ajudai-me a adotar um espírito de doação e fazei com que eu abra meus olhos para as necessidades alheias para que eu possa ser uma bênção para os outros.

Amém.

ESPERANÇA

"Que o Deus da esperança lhes conceda toda alegria e paz, por sua confiança Nele, para que vocês alcancem uma esperança transbordante, pelo poder do Espírito Santo."

ROMANOS 15:13

A esperança é uma dádiva preciosa que Deus oferece a Seus filhos. É uma fonte de força, consolo e segurança em meio aos desafios da vida.

O Deus a quem servimos não é apenas o Deus da esperança, mas também é a própria fonte dela. Ele é quem nos concede alegria e paz à medida que confiamos Nele. A nossa esperança não se baseia em pensamento ilusório ou circunstâncias passageiras, mas no caráter imutável do nosso Deus fiel.

Ao depositarmos a nossa confiança Nele, Ele nos infunde uma esperança que vai além do nosso entendimento. É uma esperança que nos permite atravessar tempos difíceis, superar obstáculos e perseverar diante da adversidade. Ela sustenta nossa alma, lembrando-nos de que Deus está conosco e tem um bom plano para a nossa vida.

Quando permitimos que o Espírito Santo aja em nós e por meio de nós, a nossa esperança começa a ficar transbordante. Ela se torna contagiosa, espalhando-se para as pessoas do nosso convívio. As nossas palavras, ações e atitudes irradiam a esperança que nasce de conhecer e confiar Naquele que detém o nosso futuro.

Reflexões

1. Por que a esperança é uma parte importante da vida cristã?

2. Qual é a ligação entre esperança e fé?

3. Pelo que você está esperançosa esta semana?

Oração da semana

Senhor, deixai-me viver em um mundo transbordante de esperança para que eu possa brilhar intensamente para as pessoas que a possuem menos do que eu. Permita que eu leve consolo e segurança para as pessoas que amo.

Amém.

Agradecemos pela leitura de *5 minutos com Deus.*

Significa muito para nós poder trazer para mais perto da sua fé mulheres como você, em todos os lugares. Tomara que você tenha gostado da sua jornada e se sinta iluminada e abençoada.

Agradeceríamos de coração se você considerasse deixar uma avaliação na Amazon. Ela nos ajuda a trazer conteúdos mais atraentes e significativos, como este livro.

Anotações

Leia também

KATE BOWLER
& JESSICA RICHIE
100 bênçãos para dias imperfeitos
FARO EDITORIAL

Best-seller na Espanha!
A VIDA COMEÇA A CADA DIA
366 reflexões para viver melhor
ANNE IGARTIBURU
FARO EDITORIAL

CAMPANHA

FiqueSabendo

Há um grande número de pessoas vivendo com hiv e hepatites virais que não se trata. Gratuito e sigiloso, fazer o teste de hiv e hepatite é mais rápido do que ler um livro.

FAÇA O TESTE. NÃO FIQUE NA DÚVIDA!

FARO EDITORIAL

ESTA OBRA FOI IMPRESSA
EM SETEMBRO DE 2025